AF338006

TONKIN

NOTES DE VOYAGE

MARS 1885

de Haïphong à Hanoï

PAR

G. LIEUSSOU

PARIS

IMPRIMERIE ET LIBRAIRIE CENTRALES DES CHEMINS DE FER

IMPRIMERIE CHAIX

SOCIÉTÉ ANONYME AU CAPITAL DE SIX MILLIONS

Rue Bergère, 20

1885

10
200 K

TONKIN

NOTES DE VOYAGE

Mars 1885

De Haïphong à Hanoï.

JK 10
200

TONKIN

NOTES DE VOYAGE

MARS 1885

de Haïphong à Hanoï

PAR

G. LIEUSSOU

PARIS

IMPRIMERIE ET LIBRAIRIE CENTRALES DES CHEMINS DE FER

IMPRIMERIE CHAIX

SOCIÉTÉ ANONYME AU CAPITAL DE SIX MILLIONS

Rue Bergère, 20

1886

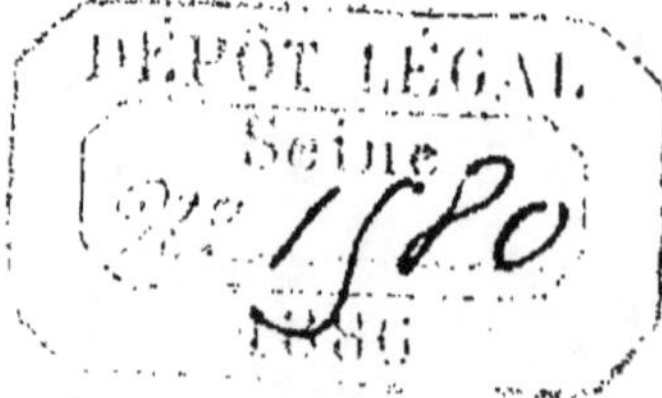

TONKIN

NOTES DE VOYAGE

Mars 1885

De Haïphong à Hanoï.

Mercredi 25 mars 1885.

Nous arrivons ce matin de bonne heure
en face de l'île du phare, à l'entrée du
Cua-Cam, l'un des bras du Thaï-bing. Le
pilote nous prévient que l'on ne peut fran-
chir la barre avant le soir et que nous
ne débarquerons à Haïphong que demain
au point du jour. Il nous faut donc passer
la nuit en rivière, dans le Cua-Cam, à l'abri
de la presqu'île Do-Son. La petite canonnière de service aborde l'*Aréthuse* et vient
prendre la poste qui, elle, n'attend pas.
Les deux lignes du câble sous-marin pour

Hong-Kong et Saïgon partent d'un peu plus loin, dans la baie d'Along. — C'est seulement vers 9 heures et demie du soir que notre bateau s'ébranle et s'avance à travers le brouillard. Nous dépassons à bâbord le bateau-phare, puis le bateau-pilote qui s'est posté là, avant la nuit, pour nous servir de point de repère. Enfin nous voici à l'abri dans la rivière, et ceux des passagers de *l'Aréthuse* qui ont l'expérience des rivières indo-chinoises se déclarent pleinement satisfaits de la manœuvre exécutée par notre pilote.

26 mars.

Au lever du soleil nous nous remettons en marche, et en moins d'une heure nous sommes en face de la ville. Les rives jusqu'ici nous ont paru basses et couvertes de cultures ou de taillis rabougris. Malheureusement le temps est brumeux et

la première impression que nous fait Haïphong est peu favorable. Comme dans
tous les ports d'Indo-Chine, une foule de
petites barques *(sampans)* se pressent et se
bousculent. Les sampans ont tous la même
forme; véritables petites maisons flottantes
où la famille tout entière élit domicile de
jour et de nuit; quelquefois sept ou huit
personnes grouillent dans ce taudis mou-
vant. Il y a un rameur à l'avant et un à
l'arrière; les femmes rament elles-mêmes
avec vigueur et souvent prennent la place
de l'homme qui se repose. Ces sampans ne
servent qu'accidentellement au débarque-
ment des Européens, et toute cette popu-
lation qui vit sur l'eau n'a que la pêche
pour ressource.

La ville semble basse; l'arroyo de la
poste ou Song-Tong-Bac est perpendiculaire
au cours du fleuve; à gauche est la concession française, à droite sont des docks et

des magasins. Un sampan nous fait pénétrer
dans l'arroyo et nous débarquons à 300 mètres
plus loin du côté de la concession au milieu
d'une boue épaisse où nous enfonçons à
mi-jambes. On nous conduit au seul hôtel
de l'endroit, qui est d'ailleurs le seul hôtel
européen du Tonkin. Jusqu'à présent l'u-
nique moyen de locomotion connu ici est
le sampan, car les routes sont si mau-
vaises qu'un commerçant français, qui avait
fait venir des voitures, a jugé inutile de
faire venir des chevaux. Le prix des trans-
ports est d'ailleurs très modique ; avec un
sou ou deux sous si la course est longue,
le batelier se tient pour satisfait. Notre
première visite fut pour M. Roque, arma-
teur, jadis concessionnaire des messageries
fluviales de Cochinchine et qui fait main-
tenant un service régulier d'Haïphong à
Hong-Kong. En l'absence de M. Roque
parti pour la baie d'Along avec M. de

Beaumont, commandant de la flottille,
l'agent des messageries, M. Constantin,
veut bien se mettre à notre disposi-
tion.

Bien que le port d'entrepôt d'Haïphong
n'existât pas il y a quatre ans, la ville a
déjà une certaine physionomie. Elle est
bâtie sur un lit d'alluvion des deux côtés
de l'arroyo, qui vient se jeter dans la
rivière, assez profonde en cet endroit et
dont on a pu faire un port naturel. La
concession a été conquise sur le lit de la
rivière au moyen de digues et de remblais ;
elle comprend les maisons de fonctionnaires, l'hôpital, des casernes, et les bâtiments de la brigade, de la résidence et de
l'administration du Génie. Elle occupe une
presqu'île séparée de la terre ferme, du côté
de la ville, par un étang, position qui
la rend très insalubre. On a bien exécuté
des travaux pour renouveler l'eau de l'étang

*

en établissant un courant, mais les alter-
natives de haute et de basse mer rendent
ces efforts presque illusoires. Les maisons
sont faites en torchis; l'hôpital cependant
est construit avec plus de soin, mais sa
situation est déplorable et par les fortes
chaleurs les malades y respirent des miasmes
dangereux ; aussi la mortalité y est-elle
effrayante. La ville européenne s'est formée
derrière la concession, le long de l'arroyo.
Sur l'autre rive, il n'y a que les bureaux
des compagnies de navigation et les bassins
de radoub, installés provisoirement pour
les réparations courantes que nécessite la
flottille. Il faudrait, pour assainir la ville,
que l'on comblât les marais qui l'entourent.
Quelques Européens ont construit des
maisons dans ces derniers temps, et en une
année seulement les charpentes étaient
pourries par l'humidité. L'emploi du fer
est donc de toute nécessité; aussi quelques

industriels de France se préoccupent-ils déjà des fournitures de ce genre.

Les indigènes habitent derrière la ville européenne un quartier qui est formé d'une seule rue très longue et parallèle à l'arroyo. Des coolies sont occupés à rendre cette artère praticable; elle est bordée de boutiques et deviendra sans doute le centre commercial de la ville. Mais pour le moment le commerce se réduit à bien peu de chose. Les Européens ne font concurrence aux indigènes que pour les objets de consommation courante; ici, comme à Saïgon, les Chinois qui se contentent pour vivre d'une mesure de riz supplanteront les commerçants européens qui ont plus de besoins. Il se passera au Tonkin ce qui a lieu déjà en Cochinchine, où seuls la modiste, le coiffeur, le cabaretier et le photographe français parviennent à lutter avec avantage.

Les chemins de fer Decauville auront

ici de l'avenir comme dans tout l'extrême
Orient; l'industrie du fer peut aussi se
créer au Tonkin des débouchés ; mais pour
le reste les produits anglais, et surtout les
produits allemands, grâce au bon marché,
rendront la concurrence très difficile. Les
délégués envoyés par les Chambres de
commerce de Paris et de Lyon se rendront
compte de cette situation. Si on en juge
par l'aspect de la rue d'Haïphong les con-
clusions ne seraient pas favorables. Plusieurs
commerçants français ont renoncé à s'in-
staller ici et ont quitté le pays. Les épiceries
et les bazars sont tenus principalement
par des Allemands. Économes, laborieux,
peu exigeants, les petits marchands allemands seront peut-être de taille à lutter
avec les marchands chinois. L'Annamite
n'est pas d'ailleurs consommateur bien
sérieux; il se nourrit de poisson et de
riz, s'habille d'étoffes grossières qu'on ne

saurait fabriquer utilement en France au prix où en est arrivée la main-d'œuvre ; ses meubles, il les fabrique lui-même à Hanoï. A ce compte nos produits n'auront ici pendant longtemps pour acheteurs que les colons européens, et on sait s'ils seront nombreux.

Je viens de retrouver un jeune homme que j'avais vu sur le paquebot des Messageries en quittant la France ; il a monté une boutique de bijouterie. Quand il aura vendu ses montres de 35 francs à tout Haïphong, il s'ingéniera pour vendre autre chose, et n'en sait encore rien lui-même. Le bazar sera longtemps le seul moyen de gagner un peu d'argent.

27 mars.

M. Roque est revenu de la baie d'Along ; il nous engage à prendre le petit vapeur le *Tonkin*, qui part ce soir pour Hanoï. On

**

nous avertit que nous ne pourrons aller plus loin, car les affaires n'ont pas pris une bonne tournure. M. Rose, capitaine d'armement de la maison Roque, nous indique les distances exactes en milles marins de Haïphong à Hanoï par la route des basses eaux ; total 159 milles (1). Cette traversée doit s'effectuer en 24 heures, et avec le petit vapeur de la Compagnie allemande, commandé par un Chinois, nous ne mettrons guère plus. C'est une moyenne de 6 milles à l'heure. Nous ne partirons pas au complet ; deux de nos compagnons de route, MM. Buissonnet et Coste, restent à Haïphong pour affaires ; M. Ballard continue l'étude commerciale dont il a été chargé par la

---

(1) *Haïphong à Hanoï* : Song-Tong-Bac, 8 milles. — Lach-Tray, 15 milles. — Cua-von-He, 25 milles. — Canal Goa, 15 milles. — Tay-Binh, 15 milles. — Canal de Tay-Binh ou des Bambous, 36 milles. — Song-Co ou Fleuve Rouge, 45 milles. — Total 159 milles.

Chambre de Commerce de Paris; M. Dierz installe dans une des plus belles maisons d'Haïphong la succursale de la Banque de l'Indo-Chine, il devient correspondant du Comptoir d'Escompte, et en allant prendre congé de lui nous nous constituons ses premiers clients. — A 8 heures du soir nous étions à bord du *Tonkin*, et comme l'équipage chinois de ce bateau ne peut nous offrir que du thé et du riz, nous faisons une provision de vivres pour trois jours. Précaution qui a sa raison d'être dans une navigation où les ensablements sont fréquents et où l'on risque de rester en panne sans aucun moyen d'existence.

Nous ne trouvons à bord qu'un seul Européen, un négociant français d'Hanoï qui revient de Hong-Kong avec une énorme cargaison qui encombre tout le pont de notre petit bâtiment. En homme prudent qui redoute l'aléa d'un commerce spécial,

il va établir un bazar. Comme pièce prin-
cipale, il ramène de Hong-Kong, suivant
l'usage du pays, une fille chinoise *(conga)*
qui tiendra sa maison. La Chinoise, plus
aimable et plus intelligente que l'Annamite,
est meilleure ménagère. — Puisque nous
voilà sur la question des femmes annamites, je dirai deux mots de la vente des
jeunes Chinoises ou Annamites par leurs
parents. Il ne faut pas s'exagérer les cho-
ses. Il est d'usage constant que l'homme
qui épouse une fille fasse un présent à
son beau-père; ce cadeau consiste géné-
ralement en espèces sonnantes, C'est à
tort que l'on veut y voir le prix d'un marché; c'est seulement une compensation pour
les dépenses faites par le père pour l'édu-
cation de sa fille, car, après tout, on la lui
prend au moment où elle pourrait rendre
des services. Cette transaction intervient
d'ordinaire de huit à douze ans; à cet âge,

une fille chinoise peut valoir, à Canton,
250 francs, tandis qu'une Tonkinoise du
même âge vaut, à Haïphong, 20 francs. Un
Européen qui épouse une indigène l'obtient
aux mêmes conditions ; mais s'il vient à
quitter le pays, la malheureuse, laissée
seule, ne sachant que devenir, a beau s'a-
dresser au juge, elle n'obtiendra aucune
satisfaction, l'étranger échappant à la juri-
diction indigène. — La présence des Français dans le pays a mis un terme aux abus
auxquels donnaient lieu ces usages. Le golfe
du Tonkin, avant l'apparition de notre
flotte, était infesté de pirates qui volaient les
enfants et les transportaient d'Haïphong à
Canton pour les vendre. Il paraît même
qu'on cachait parfois dans des caisses cette
marchandise prohibée. L'autorité française,
pour couper court à ce commerce, a frappé
d'une amende les patrons de bateaux qui
prêteraient la main à ces manœuvres, et

elle n'a autorisé l'exportation des jeunes
Tonkinoises que si elles ont été cédées ré-
gulièrement par leurs parents. Nous n'ose-
rions pas affirmer que ces mesures ont
suffi à arrêter cette traite déguisée.

28 mars.

Nous sommes en route depuis la veille,
et au lever du soleil nous ne nous lassons
pas d'admirer les magnifiques cultures qui
bordent la rivière. Les Annamites ne per-
dent pas un pouce de terre, on a même
grand'peine à leur faire respecter les chemins qui traversent les rizières. Dans tout
le delta du Tonkin, le paysage est le même.
La nuit nous a privés de la vue de la
montagne de l'Éléphant, seul plateau qui
accidente un peu le pays. A marée haute,
les rizières sont à demi submergées; par
endroits quelques bouquets de palmiers,
bambous ou bananiers peu touffus; quel-

ques parcelles plantées de cannes à sucre.
Le Tonkinois, à peine vêtu, pousse lui-même
sa charrue, au lieu de se servir de buffles
qui pourtant ne sont pas rares dans le
pays. Les villages sont formés d'un amas
de paillottes ou cagnas surélevées sur des
pilotis de bambou et couvertes en chaume
de feuilles de palmiers. — A quatre heures
nous passons au poste des Bambous, qui
est à l'intersection du canal de Tay-Binh
et du Song-Co ou fleuve Rouge. Ce poste
télégraphique est gardé par un détache-
ment. Un instant après, nous entrons dans
le fleuve Rouge qui a plus d'un kilomètre
de large et entraîne dans un courant rapide
une immense masse d'eau jaunâtre. Les
villages se montrent plus nombreux et les
rives sont bordées d'une quantité de petites
barques retenues par leurs amarres. Il est
10 heures du soir quand nous arrivons à
Hanoï; on nous débarque devant la Con-

cession et le *Tonkin* continue jusqu'à la
douane. C'était trop d'empressement de
notre part, nous nous trouvons seuls, dans
une obscurité complète, loin de tout abri;
nous nous dirigeons à tâtons du côté de
la Concession; heureusement, un adjudant,
que le hasard met sur notre chemin,
nous conduit à un café qui nous sert de
base d'opérations pour aller de porte en
porte à la recherche d'un logis. Enfin,
près du lac intérieur, voici une chambre
à deux lits dans une baraque en torchis;
au moins nous ne coucherons pas dehors.

Dimanche 29 mars (jour des Rameaux).

En allant chercher nos bagages vis-à-vis
la douane, nous rendons visite à M. de
Montagnac, directeur des douanes. Nous lui
contons notre histoire de la veille, et il nous
rend l'immense service de nous donner un
logis dans une annexe de la douane. Nous

explorons la ville. Hanoï est d'une grandé
étendue, les voitures y sont aussi inconnues
qu'à Haïphong et force est d'arpenter à pied
ses longues rues. Il y a environ 120,000 habi-
tants dans cette agglomération tonkinoise;
la ville française n'y est encore qu'à l'état
rudimentaire. Les rues sont plus larges,
plus droites et mieux tenues qu'à Haïphong.
Les bazars n'ont rien de particulier; longs
boyaux, étroits, bordés de boutiques, et
communiquant avec la rue par une simple
porte d'entrée.

Les métiers sont groupés par rues dont
la plus importante et la plus active est
la rue des Incrusteurs. Nous nous trouvons
à déjeuner avec quelques fonctionnaires
qui se montrent très réservés dans leur
langage. Nous parlons de notre intention
de rendre visite au général en chef, ils ne
font aucune réflexion. Il y a évidemment
quelque chose dans l'air. C'est un Chinois

qui, quelques instants après, nous donne l'explication que nous cherchions; il prétend que nous avons abandonné Langson. Les Chinois sont toujours si bien et si vite informés que ce bruit nous cause une véritable émotion. On sait qu'entre eux ils se communiquent les nouvelles par des coureurs qui se les transmettent de village en village. Quand on voit avec quelle vitesse ils traînent, chargée d'un homme, la petite voiture *(Djirinska)* qui est employée dans le pays, on comprend de quel train doit aller un homme sans fardeau surtout quand il est remplacé à chaque étape. A quatre heures nous nous présentions à la Concession pour voir le général Brière de l'Isle. La Concession est au sud de la ville, elle borde le fleuve et est entourée de fortifications. Les divers corps de bâtiments sont entourés de jardins fruitiers, où se cultivent tous les légumes de France; il y a aussi, par endroits, de la vigne. On nous avertit que le général est en conférence avec l'évêque, Mgr Puyginier. Nous ne rappellerons pas ici tous les services rendus à la cause française par ce prélat et par nos missionnaires : les Tonkinois chrétiens, élevés par les prêtres de la mission, ont secondé nos troupes et leur ont servi d'éclaireurs. Le bruit de l'échec de Langson est encore un secret, et la première personne que le commandant en chef mande pour la consulter est Mgr Puyginier. C'est que rien ne remplace dans ces pays une expérience de vingt ans et un dévouement aussi éclairé que le sien. Nous voyons sortir l'évêque escorté de son vicaire. Mgr Puyginier est de haute stature et sa longue barbe grise ajoute à la majesté de son attitude.

Notre visite était inopportune. Le général ne tenait pas en place; il ne nous a pas caché que nous avions mal choisi notre moment si nous voulions visiter le Tonkin, et ce qui m'a frappé le plus dans son entretien est cette phrase :

— Parbleu ! nous avons cent mille hommes sur les bras. Mais il ne faut pas le dire. Quel effroi si on le savait en France !

— C'est au contraire, mon général, repris-je, ce qu'il faudrait dire surtout, et c'est là votre meilleure défense.

En sortant de la Concession nous prenons la rue des Incrusteurs. Les cafés sont déjà pleins, on pérore, on gesticule, il règne partout une animation inaccoutumée, surtout dans le café Henri qui paraît le centre du mouvement. De tout ce qui s'y dit, deux faits paraissent certains : la blessure du général de Négrier et l'évacuation de Langson.

Lundi 30 mars.

M. Pareau, le résident d'Hanoï, nous donne un interprète qui nous fait visiter la citadelle. Grand rectangle dont les deux grands côtés ont un kilomètre. Elle date, comme la citadelle de Hué, du temps où la France eut les premiers rapports avec l'Annam, sous l'empereur Gialong, conquérant du Tonkin. Ce sont des officiers français qui l'ont construite en 1790 sous la direction du colonel Olivier. Les fortifications en terre sont établies sur le type Vauban. Deux fois les Français les ont prises d'assaut, le 20 novembre 1873 avec Garnier et Dupuis, le 25 avril 1882 avec Rivière. — En rentrant à la résidence nous trouvons le colonel de Maussion et M. de Saint-Pol-Lias. Le colonel, qui commande un des régiments de tirailleurs annamites, paraît très satisfait de ces auxiliaires improvisés. Il faut dire aussi que leur solde est de 20 francs par mois, ce qui est un prix exorbitant pour le pays. M. de Saint-Pol-Lias prend ici une quantité de vues photographiques et fait une collection de tous les objets usuels pour former un musée ethnographique.

Un Chinois, interprète de la résidence, nous fait ensuite visiter les diverses industries d'Hanoï, entre autres les meubles et objets à incrustations de nacre. Nous pénétrons dans plusieurs réduits obscurs où se fabriquent ces articles de luxe et trouvons des ouvriers accroupis autour d'une petite table basse et qui appliquent la nacre à l'aide d'un ciseau grossier. Le procédé est des plus primitifs. Ces objets ont bien perdu de leur valeur ; on a voulu fabriquer trop vite et on a employé souvent des bois qui n'avaient pas eu le temps de sécher ; dans la nacre moins fine se glissent

aussi souvent des fragments de coquillage.
— Rue des Brodeurs sont de beaux tapis
brodés ; — plus loin voici les tisseurs et
dévideurs de soie ; cette soie est du genre
de celle de Quinhone, dans l'Annam, souvent jaune et gaufrée. — La rue des Ar-
muriers a assez de couleur locale : cuirasses,
lances, armes de toutes sortes souvent
ciselées avec beaucoup de goût ; il y a là
comme une réminiscence des armes qu'on
trouve à Java. — La gomme laque est une
des productions les plus importantes du
Tonkin, on en exporte vers Hong-Kong et
Canton. A Hanoï, la laque d'or est inconnue et il ne se fabrique guère que de petits
objets communs, surtout des boîtes à bétel
en laque rouge ou noire ; l'énorme quantité
de bétel que mâchent les Tonkinois et
auquel ils doivent leurs dents noires, ex-
plique cette consommation de petites boîtes.
La noix d'arach est aussi en grande faveur,

— Il se fabrique encore à Hanoï des sta-tuettes-vases en argent, cuivre ou bronze assez finement ciselés, des images colo-riées et des stores peints de dessins à vives couleurs. Durant la journée, l'ani-mation est très grande dans ces quar-tiers. C'est qu'Hanoï est le centre du com-merce de tout le pays et qu'il s'y tient chaque jour divers marchés.

La pagode *des supplices* contient une quantité de statues dorées de Bouddah, les unes en bois et les autres en pierre; plu-sieurs statues ont été enlevées, d'autres percées dans le dos pour y chercher des prétendus trésors. Il n'y a aucune trace de la série de supplices infernaux, que je pensais pouvoir comparer aux fresques de Ceylan, l'humidité a fait disparaître ces peintures ; aussi le nom donné à la pagode n'a plus de raison d'être.

Mardi 31 mars.

Cette journée est consacrée à la visite de l'endroit où ont péri, le 21 décembre 1873, Francis Garnier et l'enseigne Balmy. Nous prenons la route de Sontay, c'est sur cette route, à peu de distance de la citadelle, que Garnier avec dix-huit hommes d'escorte se sépara de Balmy. Ce dernier continua la route jusqu'à la pagode qui porte aujourd'hui son nom et où il fut tué. Quant à Garnier, il fut frappé à la jonction de la levée et de la route à 50 mètres du pont de papier. Sur le parcours, nous rencontrons les maires des villages avec de nombreux coolies travaillant à exhausser la route ; c'est le passage du résident qui leur a donné ce beau zèle. — Voici le phu de Ta-Fou-Lay qui tient à venir en personne au-devant du résident ; bien qu'il ne soit qu'un mandarin de rang inférieur, il est suivi de nombreux serviteurs, cortège accoutumé de tout mandarin qui tient à son prestige. Il descend de sa litière et s'avance escorté de trois énormes parasols rouges. Douze porte-bannières s'échelonnent des deux côtés de la route et tiennent la foule en respect. Le drapeau tricolore est arboré à la tête du pont. La suite du phu porte les boîtes à bétel, à tabac, des tapis brodés, des cassettes précieuses et une foule d'objets de toutes espèces. — Nous allons au-devant de ce dignitaire et nous l'abordons sur le petit pont de bambous qui plie sensiblement sous le poids de la foule. M. de Saint-Pol-Lias, qui vient de photographier la pagode Balmy, dresse son appareil pour saisir cette scène, qui ne manquait pas de pittoresque.

En revenant de visiter l'emplacement où tomba si vaillamment le commandant Rivière, nous faisons une halte dans le village de papier. C'est là que se fabrique d'une façon d'ailleurs assez primitive et au moyen d'une pâte faite d'écorce de bois de gomor, du papier d'emballage. Nous sommes vite au bord d'un grand lac d'au moins 12 kilomètres de tour, qu'on pourra bientôt contourner au moyen d'une route qui formera la plus belle promenade d'Hanoï. La route que nous suivons formera d'autre part un grand boulevard extérieur qui entourera la ville.[1] Sur les bords du lac, nous visitons la pagode du *Grand Bouddah* : ce n'est certainement pas le type consacré par les traditions et l'on croirait

---

1. *Dernières nouvelles.* — Hanoï est en voie de progrès. Il y a déjà 27 kilomètres de routes carrossables. Le boulevard extérieur a 10 kilomètres et est garni de trottoirs des deux côtés de la chaussée, chose inconnue jusqu'ici au Tonkin. Ce travail a été exécuté en dix-sept jours par 3.400 Annamites, travaillant à la tâche. *(Communication faite à la Société de Géographie commerciale, 19 janvier 1886.)*

plutôt que cette statue de marbre représente
un des évangélistes.

Nous débouchons au grand trot dans
les rues d'Hanoï et surprenons en flagrant
délit installés autour d'un tapis en plein
vent une bande de joueurs. Le résident
fait arrêter sur-le-champ les délinquants. Il
n'en est pas encore ici comme au Cambodge
où le jeu est toléré, se pratique ouverte-
ment et est même pour le gouvernement
la source d'un revenu très appréciable.

Quand nous entrons à la résidence, à
Hanoï, on nous avertit que tous les bateaux libres sur le fleuve vont être réqui-
sitionnés pour transporter les renforts à
Chu et que nous ferons bien de profiter
du départ qui a lieu la nuit même pour
Haïphong, ce qui nous permettra de joindre
la malle de Hong-Kong. Nous obtenons
l'autorisation de monter à bord de l'*Antilope*,
canonnière qui fait le service des dépêches.

Au moment où nous faisons nos préparatifs de départ il arrive à Hanoï des nouvelles à sensation : la chute du cabinet Ferry, l'envoi de 20,000 hommes du corps d'armée de Bordeaux. Cette dernière nouvelle rend le courage aux plus pessimistes.

Un accident arrivé à la machine de l'*Antilope* oblige au transbordement des dépêches sur le *Tonkin* qui lui-même échoue à deux heures d'Haïphong. Pourtant le courrier arrive à temps pour le départ de l'*Aréthuse*, le stationnaire des Messageries qui va porter au nouveau ministre de la guerre dont on ignore encore ici le nom le détail des tristes événements de Langson. Quant à nous, c'est pour la Chine que nous nous embarquons. La Compagnie Roque a monopolisé le commerce avec Hong-Kong et a deux bateaux le *Nam-Vian* et le *Salige*. Chacun fait quatre voyages par mois pouvant produire 80,000 francs nets. C'est sur le *Nam-Vian* que nous partons, nous sommes sous pavillon anglais, les assureurs l'exigent. Tous les passagers sont chinois, mauvais marins ! Dès le départ ils sont à fond de cale et nous n'avons comme tête-à-tête qu'un fumeur d'opium, horriblement décharné, mais qui ne mourra pas en route, car il a une provision d'opium qui le soutiendra tant qu'il continuera à fumer.

PARIS. — IMPRIMERIE CHAIX. — 20, RUE BERGÈRE. — 4866-6.

www.ingramcontent.com/pod-product-compliance
Lightning Source LLC
Chambersburg PA
CBHW051737050726

47598CB00003B/1223